O Corpo dos Garotos

Bate-papo com Jairo Bouer

O Corpo dos Garotos

Ilustrações de Adão Iturrusgarai

9ª impressão

PANDA BOOKS

© Jairo Bouer

Direção editorial
Marcelo Duarte
Patth Pachas
Tatiana Fulas

Gerente editorial
Vanessa Sayuri Sawada

Assistentes editoriais
Henrique Torres
Laís Cerullo

Assistente de arte
Samantha Culceag

Projeto gráfico e edição de arte
A+ Comunicação

Ilustrações técnicas
Fábio Sgroi

Foto do autor
Ricardo Toscani

Preparação
Alessandra Miranda de Sá

Revisão
Telma Baeza Gonçalves Dias
Cristiane Goulart
Alexandra Fonseca

Colaboração
Ana Paula Corradini
Fernanda Wendel

Consultoria
Dra. Ana Maria de Ulhôa Escobar
Doutora em Pediatria pela FMUSP
Tel.: 3256-3206
Rua Itacolomi, 601 – São Paulo – SP

Impressão
Loyola

DADOS INTERNACIONAIS DE CATALOGAÇÃO NA PUBLICAÇÃO (CIP)
(CÂMARA BRASILEIRA DO LIVRO, SP, BRASIL)

Bouer, Jairo
 O corpo dos garotos / Jairo Bouer. – 1.ed. – São Paulo: Panda Books, 2006. 84 pp.

ISBN: 978-85-87537-98-0

1. Adolescentes (meninos) – fisiologia. 2. Adolescentes (meninos) – saúde e higiene. 3. Puberdade. 4. Educação sexual para meninos. I. Título. II. Série.

05-1095   CDD-612.661

Índices para catálogo sistemático:
1. Meninos: Puberdade: Literatura infantojuvenil 612.661
2. Puberdade: Meninos: Literatura infantojuvenil 612.661

2025
Todos os direitos reservados à Panda Books.
Um selo da Editora Original Ltda.
Rua Henrique Schaumann, 286, cj. 41
05413-010 – São Paulo – SP
Tel./Fax: (11) 3088-8444
edoriginal@pandabooks.com.br
www.pandabooks.com.br
Visite nosso Facebook, Instagram e Twitter.

Nenhuma parte desta publicação poderá ser reproduzida por qualquer meio ou forma sem a prévia autorização da Editora Original Ltda. A violação dos direitos autorais é crime estabelecido na Lei nº 9.610/98 e punido pelo artigo 184 do Código Penal.

FSC
MISTO
Papel | Apoiando o manejo florestal responsável
FSC® C008008

SUMÁRIO

Uma nova fase vem aí, 6

1. O que é o quê?, 9
2. O que está acontecendo?, 26
3. Chá de bambu, 30
4. O pênis e os testículos começam a crescer, 35
5. A produção de esperma, 41
6. Invasão dos pelos, 49
7. Adeus pele de pêssego!, 58
8. Faça as pazes com seu corpo, 64
9. As mudanças continuam, 72
10. Urologista não é bicho-papão!, 77
11. Toques finais, 80

Sobre o autor, 83

Uma nova

Se você bateu os olhos neste livro e se interessou pelo assunto, pode ter certeza: uma nova fase está começando em sua vida. Brincadeiras na rua, broncas da mãe, ordens do pai, tudo isso começa a ficar mais distante. De repente, sem muitas explicações, você começa a assumir novas posturas e responsabilidades, deixando para trás alguns hábitos agora considerados "infantis".

Seu corpo também muda e parece estar no meio de uma revolução (pelos que aparecem por todos os lados, voz desafinada, suor com cheiro mais forte, espinhas... e por aí vai). Os sentimentos também ficam confusos (muitas situações passam a ser motivo para deixá-lo inseguro, principalmente a descoberta de uma nova possibilidade chamada "sexo").

Acredite ou não, tudo isso está longe de ser motivo para desespero. Nada mais é do que o começo de uma nova fase – a puberdade. É uma fase tumultuada, mas ela tem começo, meio e fim. Pode parecer que demora uma eter-

Com mais informação, as encanações podem ser encaradas com maior naturalidade e sem tantos traumas.

fase vem aí

nidade para acabar, contudo, uma vez terminada, você vai ver que foi tudo bem mais rápido do que tinha imaginado.

    A intenção deste livro é dar uma ideia geral sobre essas mudanças que chegam sem prévio aviso e, pior, sem bula explicativa. Com mais informação, as encanações podem ser encaradas com maior naturalidade e sem tantos traumas.

Jairo Bouer

CAPÍTULO 1

O que é o quê?

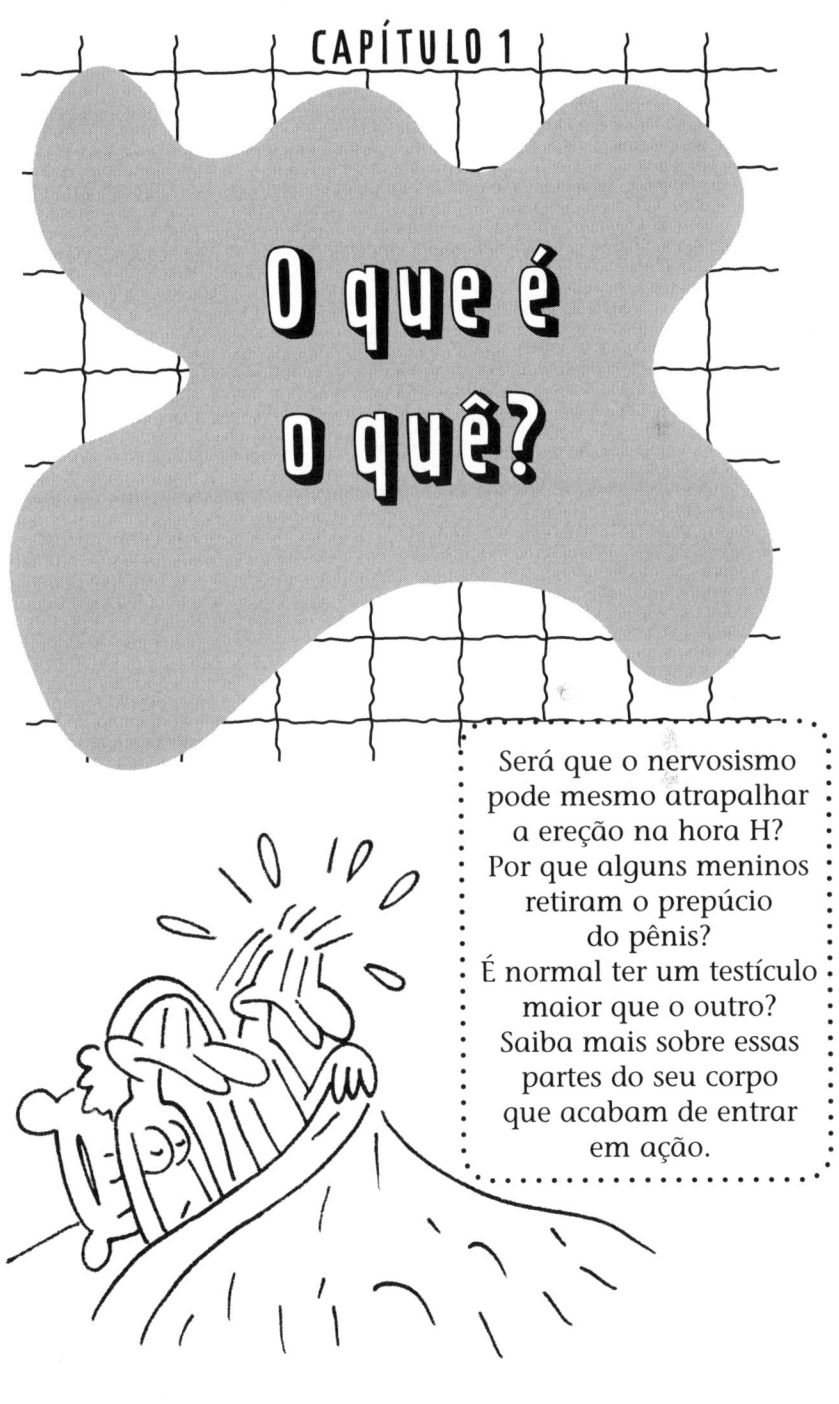

Será que o nervosismo pode mesmo atrapalhar a ereção na hora H? Por que alguns meninos retiram o prepúcio do pênis? É normal ter um testículo maior que o outro? Saiba mais sobre essas partes do seu corpo que acabam de entrar em ação.

Um corpo novinho em folha

A essa altura do campeonato, você já está careca de saber as diferenças que existem entre o corpo das garotas e o seu. Parece fácil, né? Mas só parece... Quanta confusão e insegurança essas diferenças causam na puberdade! Quantos garotos ficam encanados porque acham que seu corpo não está se desenvolvendo como deveria ou na velocidade esperada!

Quer saber mais? Quando ainda era um feto, até a quinta semana de gestação, o seu aspecto anatômico era idêntico ao de uma menina – só depois desse período é que seu corpo começou a se diferenciar e a ganhar contornos mais masculinos.

Você já deve estar familiarizado com seus órgãos sexuais (que são externos e estão à mostra quando você quiser). No entanto, será que você sabe exatamente para que eles servem e como funcionam? Conhecer bem e entender o seu corpo é o primeiro passo para conseguir superar algumas encanações típicas dos adolescentes – que, aliás, perseguem muitos homens, mesmo na vida adulta...

Do lado de fora

Pênis – O pênis está no topo da lista de encanações que os garotos têm a respeito do corpo. Uns acham o seu muito pequeno, outros o consideram fino demais, há os inclinados para a esquerda, os que são virados para a direita, para cima, para baixo... E por aí vai!

O pênis é estruturado de modo a permitir a relação sexual. Ele é composto por duas partes: a glande (cabeça) e o tronco (ou corpo). O seu interior é preenchido por tecidos que parecem esponjas – ou seja, são recortados por espaços "vazios". Esses tecidos são as chamadas "formações eréteis" (isso mesmo, as responsáveis pela ereção): os corpos cavernosos e o corpo esponjoso.

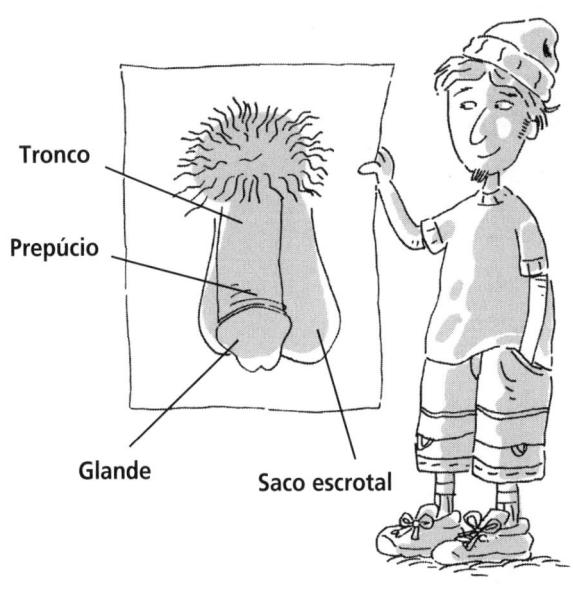

Os dois corpos cavernosos ficam lado a lado na parte superior do pênis e vão da raiz dele até o início da glande. O corpo esponjoso fica embaixo dos corpos cavernosos. Na parte da frente ele forma a glande; no final, ele forma o bulbo. Quando o garoto fica excitado, seu sistema nervoso libera uma substância chamada acetilcolina nesses tecidos. Essa substância é responsável pelo relaxamento do tecido – é como se uma esponja que está normalmente "comprimida" ficasse mais "aberta", mais "solta", abrindo as suas perfurações (que, no caso do pênis, se chamam septos). Ao mesmo tempo, as artérias do pênis se dilatam. Com isso, o sangue que estava passando com alta pressão por lá acaba invadindo os espaços dos corpos cavernosos e do corpo esponjoso. Depois, há uma compressão das veias do pênis, o que impede que o sangue que entrou nos septos escape. Dessa forma, o sangue fica represado, "enchendo" o pênis – é o que se chama ereção, quando o órgão fica rígido e alongado.

Depois que o garoto chega ao auge da excitação e ejacula, ou quando há uma interrupção do estímulo, o sangue volta para o seu trajeto normal, deixando o pênis. Os corpos cavernosos e o corpo esponjoso se retraem e acaba a ereção.

> Quando o pênis está ereto, a quantidade de sangue no seu interior aumenta cerca de oito vezes em comparação com o pênis em estado flácido.

O nervosismo e a ereção

Quando os garotos reclamam, dizendo que não conseguem ter uma ereção satisfatória (ou que falharam na hora de transar com uma menina linda ou, ainda, que se atrapalharam na hora de colocar a camisinha e brocharam etc.), a resposta é sempre que um dos piores inimigos nessas situações é o nervosismo.

Como a gente disse antes, para que haja uma ereção é preciso que o organismo libere acetilcolina, assim os corpos cavernosos e o corpo esponjoso ficam relaxados para a entrada de sangue. Acontece que, em situações de ansiedade, o seu sistema nervoso acaba liberando um outro hormônio muito conhecido: a adrenalina. Essa é a substância que a gente sempre associa a esportes radicais, a momentos de tensão e de perigo, não é? Claro que existe uma razão lógica para isso! A adrenalina tem o efeito contrário ao da acetilcolina – em vez de relaxar os tecidos, ela os deixa mais contraídos, mais tensos.

Quer um exemplo mais claro? Num momento de perigo, a adrenalina deixa seus músculos mais "atentos" para a necessidade de sair correndo. É ela que faz o coração bater mais rápido também. No caso da ereção, ela acaba agindo contra você – ao mesmo tempo que seu coração fica batendo mais forte por causa da emoção, o pênis fica contraído, impossibilitando a entrada de sangue e, portanto, dificultando a ereção.

O único conselho que pode ser dado nessas situações é: relaxe que as coisas acabam se acertando!

> **Pergunta:** Eu tenho umas bolinhas ao redor da glande. Como ainda sou virgem, tenho certeza de que não é nenhuma DST. O que pode ser isso?
>
> **Resposta:** Se não há possibilidade de as bolinhas serem algum tipo de lesão causada por DSTs (como verrugas genitais causadas pelo HPV), o mais provável é que elas sejam glândulas aumentadas ou até mesmo um espessamento da pele. Essas alterações não causam problemas nem precisam ser tratadas. Você não pega nem passa essas bolinhas para ninguém, já que elas são resultado de uma particularidade do seu corpo. Se quiser tirar a dúvida sobre o que realmente elas são, procure um dermatologista ou um urologista.

Recobrindo a glande está uma pele chamada prepúcio. Na ponta do prepúcio existe um orifício que, normalmente, é largo o suficiente para permitir a exposição da glande. Porém, em alguns meninos, esse orifício é estreito demais, o que dificulta e até impede a saída da glande. Isso é a fimose. O garoto que tem fimose pode sentir dor e ter dificuldades para limpar a região, o que pode causar infecções.

A solução para a fimose é simples: o garoto precisa passar por uma pequena cirurgia (postectomia), em que o orifício é aberto e parte do prepúcio é cortada. A operação é feita por um urologista ou por um cirurgião-geral em ambulatório ou com uma internação hospitalar rápida. O médico aplica uma anestesia local e faz um pequeno corte no prepúcio – assim a glande fica permanentemente exposta. Depois são dados alguns pontos no local. A recuperação é rápida, sem grandes complicações.

Alguns meninos são submetidos à operação mesmo sem ter fimose. A razão disso é que o prepúcio pode atrapalhar a higiene do pênis, expondo o rapaz a maior incidência de infecções. Mas uma coisa é fundamental: quem tem prepúcio deve expor a glande na hora do banho para uma boa higiene no local. Há, ainda, quem defenda que a retirada do prepúcio

Pergunta: Se um garoto com fimose não for operado, ele vai poder transar?

Resposta: Um rapaz que tiver fimose pode até conseguir transar, mas o estreitamento do prepúcio pode dificultar um pouco as coisas. Isso porque, se for muito apertado, o garoto pode sentir dores quando tiver a ereção, já que a glande vai ter dificuldades para "sair". O ideal é que o menino com fimose procure um médico antes de transar para evitar problemas na hora H. Em alguns estágios, principalmente quando o garoto é mais novo e o estreitamento do orifício não é tão importante, o médico pode ensinar algumas manobras que vão facilitar a exposição da glande e, talvez, até evitar a cirurgia. Há também hoje em dia uma pomada que ele pode usar para facilitar a exposição da glande.

diminui o risco de contaminação por doenças sexualmente transmissíveis (as DSTs) e dá ao homem melhor adaptação da sensibilidade no pênis (geralmente a glande fica um pouco menos sensível depois da operação, o que pode ser a solução para garotos que tinham muita sensibilidade na região, o que causa até um certo desconforto na manipulação do pênis e nas relações sexuais).

Nos Estados Unidos, por exemplo, é muito comum que os garotos sejam operados sem ter fimose – as pesquisas indicam que 80% dos americanos não têm mais o prepúcio. Já nos países europeus a situação é inversa – geralmente a operação só é feita quando há fimose. Além desses, há também os motivos religiosos para que os meninos retirem o prepúcio. Neste caso, a operação é chamada de circuncisão e é feita quando o menino ainda é um bebê (o procedimento é praticamente o mesmo, apesar de ser feito por um líder religioso, treinado para a situação). É o que acontece com judeus e muçulmanos. Eles acreditam que, simbolicamente, ao ser circuncidado, o menino estaria selando uma união com Deus.

Pergunta: Não posso deixar a cabeça do meu pênis descoberta pela pele porque qualquer coisa que encosta nela já me deixa com desconforto. Se eu toco a cabeça do pênis com os dedos ou se a cueca esbarra nela eu chego até a sentir dor. Isso é normal?

Resposta: Algumas pessoas têm a sensibilidade aumentada na glande (cabeça do pênis). Isso é relativamente comum entre meninos que não fizeram a operação de retirada do prepúcio (pele que recobre a glande). Sem o prepúcio, a glande fica um pouco mais "grossa" e um pouco menos sensível, já que está mais diretamente em contato com tecidos, água, pele e pelos, por exemplo.

A operação pode ser uma alternativa, mas não significa necessariamente uma obrigatoriedade. Você pode tentar "acostumar" a glande a ficar mais exposta puxando o prepúcio para trás. Outra dica é passar de forma muito leve uma esponja na glande enquanto estiver no banho. Se mesmo assim você não suportar o desconforto, procure um médico de confiança para que ele possa verificar se não há alguma outra alteração no seu pênis.

Testículos – Hoje os seus dois testículos ficam dentro do saco escrotal, pendendo logo abaixo do pênis. Mas você sabia que até o oitavo mês de gestação os testículos ficam na cavidade abdominal do bebê, assim como os ovários ficam dentro das meninas? Isso mesmo! Só no final da gravidez é

Que meleca é essa?

Os garotos que não passam pela circuncisão têm tendência a acumular uma secreção (muitas vezes malcheirosa) embaixo do prepúcio. Essa substância esbranquiçada se chama esmegma. O acúmulo de secreção pode facilitar o aparecimento de infecções no pênis – por isso, preste muita atenção em sua higiene pessoal. Se você tem o prepúcio, puxe-o para trás durante o banho e lave bem a região que fica embaixo dele com água e sabão, tirando todos os resíduos que se acumulam na área. Depois, não esqueça de secar bem!

que eles "saem" do seu corpo. Por esse motivo, um dos exames físicos feitos nos bebês logo após o nascimento é para verificar se os testículos realmente estão onde deveriam. Caso um deles (ou os dois) esteja dentro do abdômen do recém-nascido, o médico precisa acompanhar a criança para ter certeza de que eles vão acabar no lugar certo.

Não importa qual seja a demanda, os testículos produzem 50 mil espermatozoides por minuto – o que resulta em 72 milhões por dia. Os dois funcionam simultaneamente. Os espermatozoides representam apenas 1% do volume do líquido eliminado na ejaculação. Quando não são ejaculados, os espermatozoides acabam se deteriorando, e os seus componentes são reabsorvidos pelo organismo.

O QUE É O QUÊ?

Os testículos são responsáveis por produzir os **espermatozoides** (células reprodutivas masculinas) e os hormônios masculinos. Os espermatozoides só conseguem amadurecer se estiverem em uma temperatura de um a dois graus mais baixa do que o corpo do homem (que geralmente é de 36,5ºC). Por isso é que os testículos precisam ficar para "fora" do corpo – eles ficam acomodados no **saco escrotal**, que serve para "resfriá-los". O escroto é feito de uma pele bem fininha e sensível, cheia de inervações, o que pode gerar sensações prazerosas (como um toque na intensidade certa) ou, ainda, muita dor com atitudes mais desastradas (como tê-los enroscados no zíper da calça ou levar uma pancada na região).

> Quando faz muito calor, o saco escrotal fica mais "solto", afastando os testículos do corpo para deixá-los mais frescos. Já nos dias mais frios, ocorre exatamente o contrário – o saco se retrai, aproximando os testículos do corpo para mantê-los quentinhos.

Teste

Qual é a origem da palavra "escroto"?
a) Em grego quer dizer "pendurado".
b) É a junção de "ex" e "roto", ou seja, algo que um dia já foi dividido.
c) Vem do latim *scrotum*, que era o nome do saco em que os arqueiros carregavam suas flechas.
d) Em sânscrito significa "depósito de sementes".

Resposta: c) Vem do latim *scrotum*, que era o nome do saco em que os arqueiros carregavam suas flechas.

Os testículos medem, em média, de 4 a 5 centímetros de extensão por 2,5 centímetros de largura. Bem enroladinhos dentro deles pode haver até quatrocentos metros de tubos seminíferos, que são vários canais finos e longos onde são produzidos os espermatozoides. Entre os tubos seminíferos ficam as chamadas células de Leydig, que produzem os hormônios masculinos.

O tamanho de um dos testículos pode ser ligeiramente diferente do outro. Isso não é motivo de preocupação. Porém, deve-se prestar atenção a diferenças muito grandes ou a mudanças repentinas de tamanho de um dos testículos. Traumas (como levar uma bolada no saco escrotal) e infecções (como a caxumba, que pode "migrar" para os testículos) podem até levar à atrofia e à perda da função de um dos testículos. Além disso, se perceber que um deles aumentou de tamanho ou mudou de forma, ele precisa ser examinado pelo médico. Essa é uma triagem importante para se evitar o desenvolvimento de um tipo de câncer que pode acontecer nos homens, o câncer de testículo. Fique atento também para o aumento de tamanho do saco escrotal, que fica mais "inchado". Isso pode acontecer por uma espécie de dilatação nas veias da região, condição conhecida como varicocele, similar às varizes que aparecem nas pernas de muita gente. A varicocele, se não for tratada a tempo, pode prejudicar a fertilidade do homem no futuro. Além disso, se o saco escrotal ficar inchado e vermelho, pode ter havido uma "torção" do testículo ou uma inflamação. Daí um médico precisa ser consultado.

Pergunta: Acho o meu saco muito estranho. Parece que ele só tem um testículo. Isso é possível?

Resposta: Se você acha que está faltando um testículo, é muito importante procurar ajuda de um especialista. Geralmente o garoto tem dois testículos, mas um deles pode estar "escondido" na cavidade abdominal. Não dá para deixar o testículo perdido por aí, porque isso pode trazer uma série de problemas para a sua saúde. O médico vai localizar o seu testículo (pode ser com a ajuda de um exame de ultrassom) e vai indicar o melhor tratamento para o seu caso, com uso de hormônios ou com uma cirurgia.

Com alguns garotos também pode acontecer de, durante uma transa ou com a manipulação dos testículos, um deles sair do saco escrotal e entrar no abdômen (testículo retrátil). Geralmente ele volta para a posição normal. Isso acontece com meninos que têm a abertura de uma estrutura da região (o ligamento inguinal) maior do que o normal. Essa abertura permite a passagem do testículo do saco escrotal para o abdômen, e vice-versa. Esse vaivém pode ser acompanhado de uma complicação chamada hérnia inguinal, cujo tratamento geralmente é feito com cirurgia. Além desses casos, há situações bem mais raras, em que o menino realmente nasce sem um dos testículos. Isso quase nunca representa um obstáculo para o desempenho sexual nem para a fertilidade do rapaz, já que o outro testículo é capaz de produzir espermatozoides suficientes para gerar um filho.

Pergunta: Os meus testículos não ficam na mesma altura – o do lado esquerdo é mais baixo do que o do lado direito. Posso ter algum problema de fertilidade por causa disso?

Resposta: Não há nada errado com os seus testículos. É completamente normal que um deles seja mais baixo do que o outro – geralmente é o testículo esquerdo que fica mais para baixo. Isso acontece por causa da forma como as veias dos testículos se ligam às veias maiores do seu corpo. Se a ligação for menos "direta", a retirada do sangue do testículo acaba sendo mais difícil, o que o deixa mais pesado e, por consequência, mais baixo. Isso não tem nada a ver com a fertilidade. Fique sossegado.

Do lado de dentro

Epidídimo e ducto deferente – São estruturas nas quais os espermatozoides terminam de amadurecer. O epidídimo é uma espécie de tubo enovelado e alongado que fica logo acima do testículo. Ele recebe os espermatozoides imaturos, que aí ficam de 18 horas a dez dias, concluindo seu desenvolvimento (os espermatozoides que chegam ao epidídimo ainda não são capazes de se locomover).

No epidídimo fica apenas uma pequena parte do "estoque" de espermatozoides do homem. A maioria fica armazenada no ducto deferente, um canal fino e longo que sai do epidídimo e desemboca na

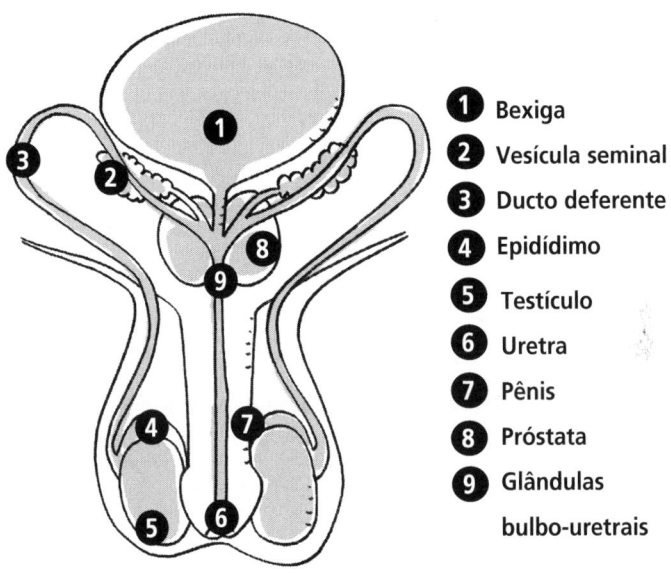

① Bexiga
② Vesícula seminal
③ Ducto deferente
④ Epidídimo
⑤ Testículo
⑥ Uretra
⑦ Pênis
⑧ Próstata
⑨ Glândulas bulbo-uretrais

região da próstata e das vesículas seminais. Ele tem cerca de 40 centímetros de comprimento, e é nesse percurso que os espermatozoides chegam ao estado maduro para fecundarem um óvulo. Existem dois ductos deferentes, um para cada epidídimo.

Vesículas seminais, próstata e glândulas bulbo--uretrais – Na hora da ejaculação, as vesículas seminais (glândulas que estão ao lado da próstata) liberam um muco que representa cerca de 60% do volume do esperma. As secreções das vesículas seminais têm muita frutose (um tipo de açúcar) – acredita-se que ela tenha um poder nutritivo e protetor para os espermatozoides.

> ### Próstata: preste atenção!
>
> Vá se acostumando com um conceito importante da saúde masculina. A próstata é uma glândula que vai merecer muita atenção depois dos 45, 50 anos. Isso porque ela cresce em muitos homens de forma benigna, o que pode levar à dificuldade de urinar. Se for assim, um tratamento precisa ser feito. Além disso, ela pode desenvolver um dos tipos de câncer mais comuns que acometem os homens: o câncer de próstata. É por isso que, a partir dessa idade, o médico deve fazer o exame de toque retal, pelo menos uma vez por ano. Com esse exame (introdução de um dedo, com luva e lubrificante no interior do ânus), o médico pode "avaliar" o tamanho e a consistência da próstata.

Já a próstata elimina uma secreção que representa cerca de 30% do esperma. Ela é responsável pela coloração esbranquiçada na ejaculação, com aspecto leitoso, e pelo seu odor característico. A próstata fica logo abaixo da bexiga e é cortada pela uretra. Seu formato parece com o de uma castanha e o seu peso normal, em um homem adulto, é de cerca de 20 gramas. O líquido que sai da próstata tem características alcalinas (básicas), o que ajuda a neutralizar a acidez das secreções vaginais da mulher. Com isso, as secreções prostáticas ajudam os espermatozoides a fecundar o óvulo, já que eles perdem a mobilidade no meio ácido.

As glândulas bulbo-uretrais (ou glândulas de Cowper) são do tamanho de uma ervilha e ficam na frente da próstata. Cada homem tem duas dessas glândulas, que produzem secreções que completam o esperma.

Uretra – A uretra é o canal que sai da bexiga e vai até o final do pênis. Ela é responsável pela passagem da urina e do esperma para o meio exterior.

CAPÍTULO 2

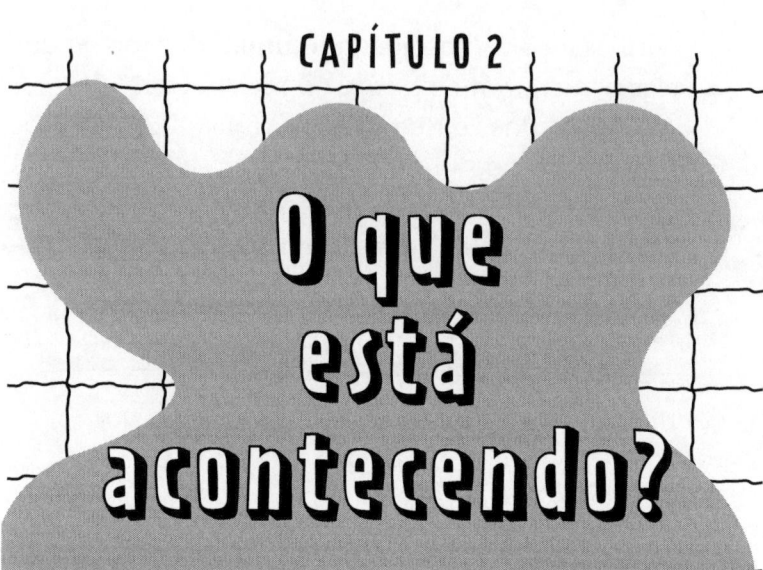

O que está acontecendo?

Até pouco tempo estava tudo normal, mas agora seu corpo tem pelos por todos os lados, você está quase um homem barbado. Enquanto isso, as meninas estão cada vez mais interessantes. Descubra quais são os grandes responsáveis por essa revolução.

A hora e a vez dos hormônios

Um belo dia você volta de férias, chega na escola e dá uma olhada no pessoal da sua classe. Parece que alguma coisa está muito diferente, embora leve um tempo até se dar conta do que realmente mudou nos meses em que ficou sem ver a turma. A resposta surge nos comentários masculinos – as garotas, que pareciam tão desinteressantes, voltaram das férias mais encorpadas (algumas até estão com os seios crescendo!). Elas parecem altas, inatingíveis! Enquanto isso, você e seus amigos estão do jeito que sempre foram, só que um pouco confusos com essa revolução...

Não pense que você é o único a passar por isso... Pergunte ao seu pai ou aos seus tios para ver se com eles foi muito diferente... As meninas começam a se desenvolver mais cedo, entrando na puberdade um pouco antes dos garotos. Isso significa que elas, de uma hora para outra, ficam mais altas, perdem as características de criança e começam a assumir formas de uma mulher adulta (o que inclui seios desenvolvidos, cintura fina e quadril mais largo).

Não é preciso se desesperar e achar que, para sempre, você ficará com carinha de criança e as meninas só vão se interessar pelos rapazes mais velhos. É tudo uma questão de tempo (de pouco tempo, na verdade!). Se para as meninas a puberdade começa ao redor dos 11 anos de idade, para os garotos ela vem entre os 12 e 13 anos. Claro que isso muda muito de pessoa para pessoa – tem garotas que aos 10 anos já estão entrando na adolescência, enquanto outras têm de esperar até os 15 anos. Com os rapazes acontece a mesma coisa: alguns garotos de 11 anos já estão na puberdade, assim como outros vão ter de esperar mais um pouco.

Uma regra vale para todo mundo: até os 18 ou 19 anos, o corpo vai passar por uma montanha de mudanças. Primeiro você vai crescer muito e pode até ficar meio desajeitado até se acostumar com a nova altura. Depois a voz começa a ficar estranha, até que ela engrossa de vez. Os pelos começam a aparecer em volta do seu pênis, debaixo dos braços e no rosto. Sem contar as espinhas, que começam a atrapalhar sua vida! Tudo isso é orquestrado pela produção dos hormônios sexuais e de crescimento, principalmente pela testosterona. Assim que ela der o ar da graça, o turbilhão de mudanças começa e não para até você virar adulto.

O que fazem os hormônios?

Hormônios são substâncias que regulam e controlam diversas funções no nosso organismo. Vão desde o controle do sono até o do ritmo dos batimentos cardíacos. Eles são produzidos por glândulas do nosso corpo. Aqui falaremos sobre dois tipos de hormônios, em especial os que agem muito durante a puberdade: o hormônio do crescimento e os hormônios sexuais masculinos.

O principal hormônio que age no crescimento é o chamado GH (a sigla vem do inglês – *growth hormone* –, que quer dizer hormônio do crescimento). Ele é responsável pelo desenvolvimento dos ossos e dos músculos – uma de suas funções é estimular a síntese (produção) de proteínas. O GH é produzido pela hipófise, uma glândula que fica na base do crânio. O funcionamento da hipófise é controlado por outro órgão, que fica logo acima dela: o hipotálamo. Essas duas glândulas formam um dos eixos mais importantes para o funcionamento do seu organismo – é o chamado eixo *hip-hip*. Os dois órgãos precisam estar bem sintonizados para que tudo ocorra bem na puberdade.

O GH age no crescimento do nosso corpo desde que somos bebês. É na puberdade, porém, que ocorre o pico da produção desse hormônio, justamente na fase do estirão, em que há um crescimento bem acelerado e você ganha alguns bons centímetros na sua altura, de uma hora para outra.

A hipófise, no início da puberdade, também manda um recado para os seus testículos começarem a produzir os hormônios sexuais, que são os responsáveis pelo crescimento do pênis, pelo aparecimento de pelos pubianos, da barba e pela mudança da voz.

CAPÍTULO 3
Chá de bambu

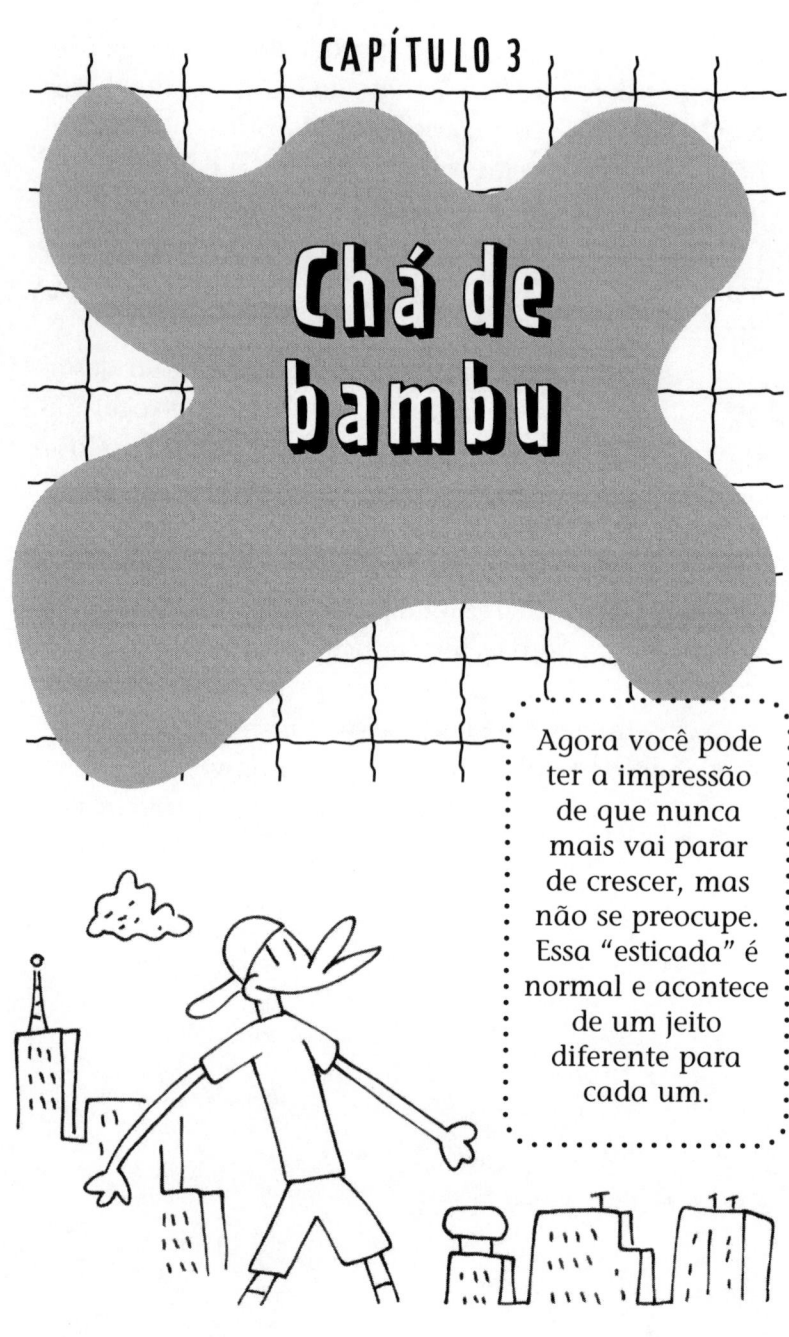

Agora você pode ter a impressão de que nunca mais vai parar de crescer, mas não se preocupe. Essa "esticada" é normal e acontece de um jeito diferente para cada um.

Tudo a seu tempo

Perceba que, de uma hora para outra, sua altura vai dar um salto. Lado bom da coisa: significa que a puberdade chegou e que você está se desenvolvendo normalmente. Lado ruim: como tudo acontece muito rapidamente, pode ser que fique um pouco desastrado até se acostumar com o novo tamanho. Seu corpo pode parecer desproporcional – as pernas e os braços ficam compridos, as mãos e os pés adquirem um tamanho enorme... Contudo, não se preocupe. Com o tempo, tudo isso acaba ganhando harmonia. Até porque as partes do corpo não crescem simultaneamente – os pés, por exemplo, param de crescer antes de você chegar à altura final. Portanto, se por um tempo seus pés parecerem uma lancha em comparação com o restante do corpo, é só esperar que o resto também vai crescer...

A idade em que o estirão começa varia muito de pessoa para pessoa. Por isso, é supernormal que na sua classe existam meninos que já estejam enormes aos 13 anos, enquanto outros só começam a crescer aceleradamente lá pelos 15. Por outro lado, os rapazes que "esticam" mais cedo também tendem a parar de crescer antes. Em geral, o crescimento cessa ao redor dos 18 anos, quando a cartilagem (centro de crescimento) dos ossos longos se "fecha".

Você precisa ter bastante cuidado com as promessas milagrosas que aparecem por aí garantindo um crescimento fantástico. A começar pelos tratamentos hormonais: o processo não é nada simples e apresenta muitos efeitos colaterais indesejados. Esse tipo de tratamento é indicado somente em casos muito extremos, em que o rapaz apresenta sérios problemas de desenvolvimento. As medicações só podem ser prescritas por um médico, depois de uma rigorosa avaliação de cada caso, e precisam de um acompanhamento próximo do especialista. Portanto, não caia nas conversas que aparecem por aí dizendo que existe um "remedinho" que dá uma força no seu crescimento: ou é pura enganação, ou você está sujeito a comprar medicamentos que podem colocar a sua saúde em risco. Também não há cirurgias aprovadas pela maioria dos médicos para mudar a altura final de uma pessoa.

O que pode ser feito para dar uma ajudinha ao seu crescimento é simplesmente se cuidar: prestar atenção na alimentação, dormir bem e praticar exercícios físicos. Há pesquisadores que acreditam que alguns suplementos alimentares (como o zinco) também contribuem para o desenvolvimento. O ideal é conversar com um médico (que pode ser seu pediatra ou um endocrinologista) para que ele ofereça melhores orientações. Mas, desde já, esqueça a possibilidade de se automedicar e colocar a sua saúde em risco!

Também muito cuidado com essa história de tomar suplementos que prometem aumentar seus músculos e seu tamanho. Em geral, eles não têm efeito ou podem ter resultado muito limitado.

Sonho de ser gigante

Muitos garotos ficam encanados com sua altura durante a adolescência. Geralmente eles querem ter uns centímetros a mais. A altura final vai depender de vários fatores, alguns dos quais não dá para mudar, outros que dependem do seu estilo de vida.

O principal aspecto que vai determinar a sua altura faz parte do grupo "não dá para mudar". É a sua herança genética, ou seja, o que você "puxou" dos seus pais e da sua família. Isso quer dizer que, se vem de uma família em que as pessoas têm estatura baixa, é pouco provável que você seja muito alto. Porém, se os seus parentes são bem altos, são pequenas as chances de você ter uma altura modesta. Uma dica para saber mais ou menos (preste atenção, é mais ou menos, não é um cálculo exato) a sua altura final: some a altura do seu pai e da sua mãe, divida por dois e depois adicione 10 centímetros. No caso das meninas, tira-se a média da altura de mãe e pai e, em seguida, subtraem-se 10 centímetros.

No grupo dos fatores que dependem do seu estilo de vida estão a qualidade da sua alimentação e a quantidade de horas dormidas. A alimentação vai contribuir muito para o seu desenvolvimento, pois é com ela que se obtêm os nutrientes necessários para formar os músculos e os ossos. Por isso, faça sempre refeições que tenham um pouco de tudo (carnes, grãos, cereais, verduras, legumes, frutas, ovos e leite).

O sono é outro fator importante, porque é justamente quando você está dormindo que ocorre a liberação das maiores taxas do hormônio GH – em geral são três ou quatro picos durante a noite. Resultado: dormir bem ajuda o seu organismo a funcionar como deve – e isso inclui o crescimento dos seus músculos e dos seus ossos, que vão influenciar em sua altura final. Exercícios físicos também são fundamentais, certo?

CAPÍTULO 4

O pênis e os testículos começam a crescer

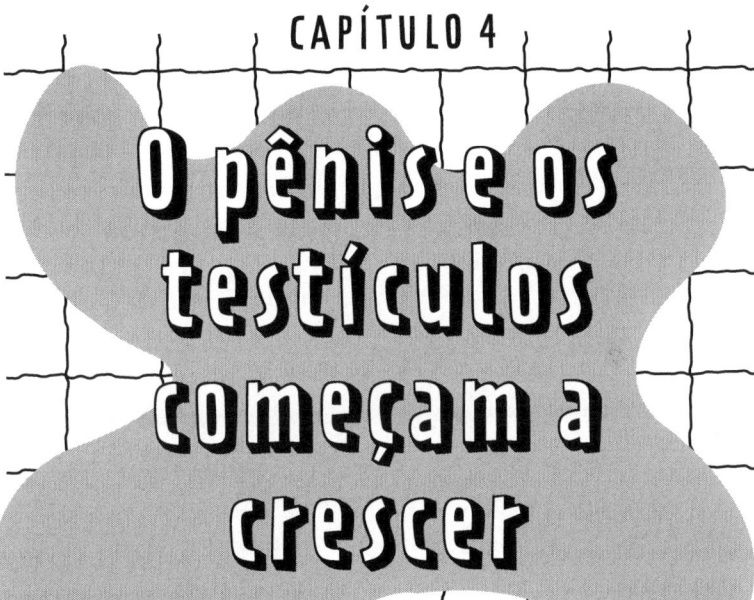

> Velhas preocupações vêm à tona: será que o meu pênis é pequeno demais? Existe um tamanho ideal? Respire aliviado: essas encanações não passam de mito.

Deixe a régua de lado

Um dos primeiros sinais de que você está entrando na puberdade são as mudanças que ocorrem nos seus testículos e no seu pênis. Como a gente disse antes, é na puberdade que os garotos começam a produzir testosterona, o principal hormônio masculino. Essa substância é responsável pelas modificações na região.

Primeiro os seus testículos começam a ficar mais volumosos. A cor do saco escrotal também muda – fica mais escura, podendo variar de um avermelhado claro até roxo-escuro. A região se torna mais sensível. Logo em seguida, o pênis também cresce – primeiro ele fica mais longo, depois engrossa.

Como em todos os outros aspectos da puberdade, essas mudanças podem vir um pouco mais cedo ou um pouco mais tarde, dependendo do caso. Não adianta se desesperar se os seus amigos se desenvolveram antes de você – o negócio é ter calma e respeitar o seu próprio ritmo.

O PÊNIS E OS TESTÍCULOS COMEÇAM A CRESCER

A eterna discussão sobre o tamanho ideal

Se existe um assunto que é campeão entre as encanações dos garotos é o tamanho do pênis. Juntem-se a insegurança típica da idade e o monte de lorotas que os rapazes contam por aí e está pronta a fórmula do desespero! A maioria dos garotos acha que o seu pênis não é grande o suficiente e acredita que o tamanho está diretamente ligado à masculinidade.

Vamos começar esclarecendo uma coisa: tenha certeza de que a grande maioria das histórias de que "fulano tem mais de 20 centímetros" é mentirosa! Os adolescentes adoram inventar vantagens para poderem se gabar na frente dos amigos – além de esconderem uma insegurança, esses "amigos" criam um pavor na rapaziada que fica se achando tremendamente inferior.

Segundo mito: ter um pênis maior não influencia absolutamente nada na masculinidade de alguém. O tamanho não tem relação com a potência e muito menos com as conquistas amorosas. A sua *performance* sexual vai depender muito mais da sua sintonia com a outra pessoa (o que inclui a intimidade, o diálogo para saber o que agrada e o que desagrada, e o carinho entre vocês) do que do tamanho do pênis.

O excesso de gordura no corpo também pode dar a impressão de que o pênis é menor. Isso porque a base do pênis fica mais aparente quando o homem está mais magro.

Já diz o velho ditado, que pode até parecer bobo, mas tem lá a sua razão: "Mais vale um pequeno brincalhão do que um grande bobalhão". Pense nisso...

Não existe um tamanho ideal de pênis para que o sexo seja bom. Os especialistas dizem que um pênis de 8 centímetros já é suficiente para satisfazer uma mulher. E você não pode se esquecer de que sexo não significa apenas penetração. Há muitas outras possibilidades que trazem prazer para um casal.

O tamanho do pênis flácido (sem ereção) varia muito de acordo com a temperatura. Se o dia está frio ou o rapaz acabou de sair da água gelada, o pênis pode ficar "encolhido", com o tamanho menor. Já nos dias quentes, ele pode ficar mais "relaxado", e o tamanho pode aumentar um pouco.

Outra coisa que se pode deixar de lado é a famosa comparação na hora do vestiário. Por causa do seu ângulo de visão, o seu pênis sempre vai parecer menor do que ele realmente é. Isso favorece os seus colegas: o pênis deles acaba parecendo mais longo. Além disso, o tamanho do pênis flácido não tem relação com o tamanho dele ereto. Isso significa que um pênis pequeno e fino quando flácido pode alcançar o mesmo tamanho de um pênis aparentemente maior na hora da ereção. Essa diferença vai depender do poder de retração dos tecidos que compõem o pênis de cada um.

O PÊNIS E OS TESTÍCULOS COMEÇAM A CRESCER

Qual é o tamanho ideal?

Para começar a conversa, não existe um tamanho "normal" para o pênis. Do ponto de vista médico, um pênis só é considerado pequeno demais quando ele atinge menos de 7 centímetros no estado de ereção. Acima disso, qualquer tamanho é aceitável.

Em geral, o pênis dos brasileiros varia de 5 a 10 centímetros quando esta flácido, com cerca de 2 centímetros de diâmetro. Durante a ereção, a média está entre 12 e 13 centímetros – ou seja, mais ou menos o tamanho de uma caneta esferográfica comum –, e cerca de 3 centímetros de diâmetro.

Como todas as características do corpo, o tamanho do pênis varia muito de pessoa para pessoa e depende da carga genética de cada um. O crescimento do pênis vai até os 18 anos, mais ou menos, e depende muito do desenvolvimento geral do garoto. Essa costuma ser a última parte do corpo masculino que atinge o seu comprimento final.

Assim como em relação à altura, não acredite em nenhuma fórmula mágica que prometa aumentar o tamanho do seu pênis. Não existe creme ou pomada que seja capaz de deixar seu pênis maior. Os chamados "extensores" também não apresentam resultados científicos, além de não ter segurança comprovada. Alguns médicos propõem cirurgias para o aumento do pênis. Porém, há vários fatores contra esse tipo de intervenção. O Conselho Federal de Medicina proíbe a operação em casos meramente estéticos – ou seja, para que o médico faça a cirurgia, o paciente tem de apresentar um problema real de saúde (como ter nascido com um micropênis). Essas operações trazem riscos de perda de sensibilidade e até da função do pênis, além de estarem longe de ser um consenso entre os urologistas.

Pergunta: Dá para uma garota saber o tamanho do pênis de um menino pelo tamanho da mão dele?

Resposta: Não. O tamanho do pênis não tem nenhuma relação com o tamanho de outras partes do corpo (mão, pé, nariz, altura, antebraço, grossura das coxas ou comprimento dos dedos). Já foram feitas pesquisas que tentaram estabelecer essa proporção, mas até hoje ninguém conseguiu provar nada.

CAPÍTULO 5

A produção de esperma

Ela vem sem avisar e mostra que você já está mais maduro para a vida sexual. Saiba como acontece a primeira ejaculação e que, sem neuras e com alguma experiência, até dá para controlar melhor essa parte.

Quase sem querer

Quando os testículos começam a produzir testosterona, eles também iniciam a produção de espermatozoides. Isso significa que logo, logo o garoto vai ejacular pela primeira vez. Esse momento marca o amadurecimento do corpo do homem, indicando que fisicamente ele já está preparado para a vida reprodutiva. Mas preste bem atenção: é só fisicamente! Para ter um filho a pessoa precisa de preparo físico e emocional (sem contar a estrutura financeira), o que, geralmente, um rapaz de 12 ou 13 anos está longe de ter, você não concorda?

Assim como a primeira menstruação das meninas, a primeira ejaculação dos meninos não tem hora certa para vir e varia muito de pessoa para pessoa. Para ela acontecer, o garoto já deve ter passado por algumas etapas: os testículos e o pênis têm que ter crescido. Não adianta querer queimar fases – se o seu corpo ainda não se desenvolveu como deve, você vai ter de esperar mais um pouco. Portanto, é muito comum que os meninos que demoram mais para entrar na puberdade também demorem mais para começar a ejacular. Pode ser que seu corpo só esteja pronto para isso aos 16 anos, por exemplo. Se passar dessa idade e nada tiver acontecido ainda, pode ser bacana procurar um médico (um endocrinologista ou um urologista) para checar se o seu corpo está se desenvolvendo normalmente.

A PRODUÇÃO DE ESPERMAS

Teste

Como se chama a primeira ejaculação?
a) Ejaculação precoce.
b) Espermatogênese.
c) Espermarca.

Resposta: c) Espermarca é a primeira ejaculação do garoto. Ejaculação precoce acontece quando o garoto ejacula rápido demais, sem conseguir manter o controle. Espermatogênese é o processo de produção dos espermatozoides.

O menino pode ejacular pela primeira vez durante a masturbação ou mesmo enquanto estiver dormindo. É muito comum que os garotos se masturbem no início da puberdade sem conseguir ejacular. Um belo dia, no auge da excitação, eis que ela aparece! Chega o líquido esbranquiçado e meio grudento.

Outra possibilidade comum é que o garoto tenha uma **polução noturna** (uma ejaculação involuntária, que acontece sem você perceber) e acorde com o pijama molhado – sem ter urinado. Isso é comum, apesar de as pessoas não comentarem muito, e só significa que o seu corpo já está produzindo esperma.

Em uma ejaculação, o homem elimina de 2 a 6 mililitros de esperma. A média é 3 mililitros, o equiva-

> A polução noturna ocorre quando um garoto ejacula durante o sono. Ela geralmente vem acompanhada de um sonho erótico. As poluções noturnas são mais comuns durante a puberdade, mas alguns homens continuam a tê-las mesmo já adultos. Essa é uma forma de o seu corpo "esvaziar" o reservatório de esperma quando você fica muito tempo sem se masturbar ou sem transar.

lente a uma colher de chá. Em cada mililitro de esperma há cerca de 100 milhões de espermatozoides. Se você fizer a conta, verá que em vinte ejaculações há espermatozoides suficientes para povoar o mundo!

O esperma é formado pelos espermatozoides que são produzidos nos testículos, pelas secreções das vesículas seminais, da próstata e das glândulas bulbo-uretrais. Se você ficar muito tempo sem ejacular, o esperma torna-se mais denso e viscoso, pois o excesso de água acaba sendo absorvido. Por outro lado, se ejacular com frequência, não dá tempo de acumular muita secreção e ela acaba ficando mais branca ou transparente, além de mais fluida.

> Dependendo do que você comer, o cheiro e o gosto do seu esperma sofrem alterações. Pratos muito temperados deixam o esperma com gosto amargo. Já os homens fumantes e alcoólicos tendem a ter o esperma mais amargo do que os vegetarianos, os não fumantes e os abstêmios.

Pergunta: Antes de eu gozar, sempre sai uma "babinha" do meu pênis. De vez em quando sai tanto que a minha namorada até me pergunta se eu gozei antes da hora. O que é isso?

Resposta: É absolutamente normal o homem eliminar um líquido transparente e viscoso quando está excitado. Essa secreção – chamada líquido pré-ejaculatório – é produzida por glândulas que ficam em volta da uretra. Ela serve para limpar e lubrificar o canal uretral (por onde vai passar a ejaculação) e para facilitar a relação sexual. A quantidade dessa secreção varia de garoto para garoto: alguns não eliminam nada, outros produzem muita lubrificação. O único ponto a se preocupar com esse líquido é que ele pode conter alguns espermatozoides. Portanto, se estiver praticando sexo sem camisinha, saiba que mesmo sem gozar você pode depositar espermatozoides na vagina da sua parceira por meio dessa lubrificação – o que representa alguma chance de gravidez. Além disso, este líquido pode transmitir Aids e outras doenças sexualmente transmissíveis.

A temida ejaculação precoce

Outro fantasma comum entre os adolescentes é o medo de ter orgasmo muito rápido. É a famosa ejaculação precoce, na qual o garoto perde o controle e goza sem que haja tempo de ele e a outra pessoa curtirem a transa. Na grande maioria das vezes, a causa da ejaculação precoce está na cabeça, e não no corpo.

Perder o controle nas primeiras transas não é nenhum bicho de sete cabeças – aliás, é muito mais comum do que se imagina. Alguns estudos chegam a apontar que metade dos meninos tem ejaculação precoce nas primeiras transas. Isso tem a ver com a falta de experiência, com a ansiedade e com o nervosismo. Além disso, nas primeiras vezes, o rapaz ainda não tem total intimidade com a parceira nem conhece direito o corpo dela – isso sem contar a falta de familiaridade com o funcionamento do próprio corpo.

Mas não é porque o cara teve ejaculação precoce uma ou duas vezes que ele vai sempre se comportar assim. Conforme o tempo vai passando e o rapaz vai adquirindo mais experiência, mais prática e mais segurança, o quadro tende a melhorar. Ele fica mais confortável com a situação, a expectativa da primeira vez deixa de existir e ele consegue se controlar mais.

O que não se deve criar é um círculo vicioso: o menino tem ejaculação precoce uma única vez e, na próxima oportunidade para transar, já vai com medo de que isso aconteça de novo. Aí ele entra na transa nervoso e é um passo para acontecer mais uma vez. Isso pode ficar se repetindo infinitamente... O segredo é relaxar e aproveitar o sexo sem afobação: dê-se tempo para curtir as preliminares, conhecer melhor sua parceira e descobrir o que é mais gostoso...

Caso entre em ansiedade e não consiga se controlar mesmo, uma das saídas é tentar buscar ajuda com um terapeuta para descobrir o que está atrapalhando a sua cabeça na hora H. O problema é: o tratamento com a terapia pode demorar muito tempo, e você tem que ter paciência. Alguns médicos chegam a indicar o uso de antidepressivos para os casos mais severos. Contudo, deve-se levar em conta que o uso de medicamentos só deve ser feito com indicação e acompanhamento de um especialista e que pode trazer efeitos colaterais. Não existe ainda uma cirurgia aceita pela maioria dos médicos para controlar a ejaculação precoce.

Pergunta: Um garoto que goza em dois minutos tem ejaculação precoce?

Resposta: Não existe um tempo mínimo ou máximo para uma transa. A ejaculação precoce acontece quando o rapaz não consegue se controlar e goza antes do que gostaria, sem conseguir aproveitar o sexo com a parceira. Se as duas pessoas já tiverem aproveitado as preliminares e acharem que dois minutos de transa são suficientes, isso não é ejaculação precoce. O problema é o garoto perder o controle. Há casos em que o rapaz ejacula só de dar uns amassos em alguém. Tem gente, ainda, que ejacula só de imaginar que está ficando com uma pessoa. Nos casos mais extremos, o garoto pode ejacular antes mesmo de ter a ereção. Em todas essas situações, a causa geralmente é emocional (excesso de ansiedade ou nervosismo), sem que haja problemas físicos ou hormonais envolvidos.

Masturbação não tem nada a ver com isso!

Diz a lenda que o garoto que se masturba pode ter ejaculação precoce. Mentira! Masturbação não causa ejaculação precoce. Ao contrário: a masturbação ajuda o garoto a conhecer melhor o próprio corpo e saber como ele reage aos diferentes estímulos. Ou seja, é um treino para ele mapear o que dá certo e o que não funciona na sua excitação.

Sabe que alguns urologistas até ensinam uns exercícios na masturbação para o rapaz aprender a controlar melhor a sua ejaculação? É uma técnica em que, quando o garoto está a ponto de gozar, ele para de se estimular. Em seguida, ele começa tudo de novo. Isso serve para ele perceber que dá para controlar a excitação e a ejaculação. Depois, é só repetir na transa de verdade.

CAPÍTULO 6

Invasão dos pelos

Antes de querer exibir um bigodão mexicano, conheça seus novos amigos: o barbeador e a lâmina de barbear. Prepare-se também para mudanças no seu cabelo.

Uma questão cabeluda

Está aí outro assunto que gera descontentamento de todas as partes: os pelos! Quem tem muito acha que é excesso, quem tem pouco sonha com barbas mais cerradas... Vai entender!

A quantidade de pelos e barba que você terá depende principalmente da sua carga genética. Se sua família é composta de homens mais peludos, não espere ter um peito lisinho. Se os seus parentes têm pouca barba, as chances de você ser um barbudão são pequenas...

Os primeiros pelos que surgem são os púbicos, ao redor do pênis. Eles aparecem fininhos e macios, mas, com o tempo, vão ficando mais grossos e volumosos. Depois aparecem os pelos debaixo dos braços e no peito, que também aumentam de quantidade nas pernas e nos braços. No rosto primeiro aparece um fino buço, que com o tempo engrossa e vira bigode, além de a costeleta e a barba crescerem.

A idade em que os pelos aparecem varia muito de uma pessoa para outra – muito mesmo! Alguns rapazes começam a ter pelos púbicos logo no começo da puberdade (lá pelos 10, 11 anos). Outros garotos só começam a ter pelos lá para frente. Em alguns casos, o desenvolvimento da barba e dos pelos no corpo só se completa depois dos 20 anos. Isso quer dizer que se você tem uns 16 ou 17 e o seu rosto continua liso, pode ser que a barba apareça mais tarde.

Quando a falta de pelos é sinal de problema

Na maioria dos casos, os meninos que reclamam por terem poucos pelos estão só impacientes e ainda não esperaram seu desenvolvimento se completar. Em situações mais raras, a falta de pelos pode ser um indício de que o desenvolvimento anda com problemas e o seu organismo não está produzindo hormônios como deveria. Isso é bastante incomum, contudo pode acontecer. Se você anda extremamente encanado com a falta de pelos, procure um endocrinologista ou até um pediatra. O médico poderá fazer uma avaliação e ver se o seu desenvolvimento hormonal está em ordem.

Porém, em hipótese alguma tente se automedicar. Tomar hormônios para fazer os pelos crescerem traz muitos efeitos colaterais indesejados, como o aparecimento de espinhas e o aumento do risco de desenvolver câncer e doenças no coração. Isso é muito sério! O tratamento com hormônios só pode ser feito com indicação de um médico e em casos que sejam realmente complicados, e não apenas por questões estéticas.

Seu novo amigo, o barbeador

É inevitável: mais cedo ou mais tarde você terá de incluir um barbeador entre os seus produtos de higiene pessoal. Fazer a barba é um ritual masculino que merece cuidado e atenção. Por isso, não adianta fazer correndo e de qualquer jeito: essa é a forma mais fácil de se machucar e provocar irritações no rosto.

O melhor momento para se barbear é logo após o banho – o vapor do chuveiro prepara a sua pele, abrindo os poros e "amolecendo" os pelos, sendo mais fácil raspá-los. Além disso, a pele limpa (sem oleosidade ou resíduos) facilita o deslizar da lâmina.

Se optar por um aparelho elétrico, assegure-se de que seu rosto esteja bem seco e limpo. Passe o aparelho em movimentos circulares, tomando cuidado para não machucar eventuais pintas ou espinhas.

Se preferir as tradicionais lâminas de barbear, use um creme ou gel de barbear, espalhando-o bem pelo rosto. Para quem tem poucos pelos, a espuma do sabonete já é suficiente. Não adianta exagerar na espuma – que pode acabar atrapalhando o caminho da lâmina (em vez de raspar o pelo, a lâmina vai só limpar o excesso de espuma do seu rosto).

Deslize as lâminas no sentido de crescimento dos pelos. Apesar de deixar o barbear um pouco mais rente, passar a lâmina na direção contrária aos pelos (ou escanhoar) irrita muito a pele e aumenta as chances de os pelos encravarem.

Lave o aparelho para tirar os pelos e a espuma, deixando as lâminas livres para o próximo barbear.

Depois que terminar de fazer a barba, lave o rosto com água fria para retirar o resto de espuma e ajudar a fechar os poros. Se você perceber que ficou faltando raspar um pedaço, coloque um pouquinho de espuma nesta área e faça o retoque – assim você evita cortes.

Seque o rosto com uma toalha, sem esfregar. Se quiser, passe um gel ou um creme pós-barba para ajudar a pele a se recuperar.

Pergunta: Qual é a diferença entre os aparelhos elétricos e os de lâminas?

Resposta: Os aparelhos elétricos têm cabeças circulares com várias pequenas lâminas de barbear. Com movimentação automática dessas cabeças, as lâminas vão girando e cortando os pelos. Para não obstruir o barbeador, a pele deve estar limpa, sem creme de barbear. Assim, a pele fica mais exposta à raspagem. Já os de lâminas convencionais, são aparelhos manuais. Você deve preparar a pele com creme antes de raspá-la.

Alguns homens acham que o barbear com lâminas é mais rente, deixando a pele mais lisinha, além de ser mais barato. No entanto, o processo é menos prático do que com o aparelho elétrico. É uma questão de preferência: veja com qual método você se adapta melhor.

Cuidados básicos com as lâminas

Assegure-se de que o seu aparelho de barbear, seja ele elétrico ou manual, esteja sempre limpo. Por mais cuidadoso que seja o barbear, o processo sempre provoca uma "raspagem" da pele, tirando a oleosidade natural que a protege e podendo criar pequenas lesões. Se a lâmina estiver suja, com bactérias, você não só vai abrir a porta de entrada como vai jogá-las para dentro da pele, o que pode causar pequenas infecções. Se for o caso, esterilize a lâmina com álcool ou loção antisséptica antes de usá-la. Nunca use uma lâmina enferrujada nem a de outra pessoa.

Troque sempre de aparelho quando perceber que as lâminas estão perdendo o corte. Lâminas velhas arranham e cortam mais a pele e, por não serem tão eficientes, você acaba tendo de repetir a raspagem várias vezes – o que pode causar irritações, além de aumentar a chance de machucados.

Se tem acne, tome cuidado redobrado. Evite passar o barbeador sobre as espinhas para não cortá-las e causar ferimentos. Além disso, você pode espalhar bactérias para outros lugares do rosto. Para não lesionar ainda mais a pele, faça a barba apenas quando realmente for necessário. Não use produtos que contenham álcool, pois eles irritam a pele.

Arrancando os cabelos

Mesmo que você não seja muito vaidoso nem ligue para como andam os seus cabelos, vai perceber que eles passam por algumas mudanças na adolescência. É comum que nesta fase os fios mudem de cor (os rapazes que eram loiros na infância podem ficar castanhos, por exemplo) e de textura (cabelos escorridos podem ganhar algumas ondulações ou cachos).

Os seus hormônios – que andam a mil por hora na puberdade – também podem influenciar em algumas alterações capilares, só que essas são um pouco mais chatas. É normal que os adolescentes fiquem com o cabelo mais oleoso ou com caspa. Se esse for o seu caso, a solução é só prestar um pouco mais de atenção à higiene. No caso de cabelos oleosos, o ideal é lavar a cabeça diariamente com xampus apropriados para esse tipo de cabelo. Evite usar água muito quente, pois ela pode estimular ainda mais a produção de oleosidade nas glândulas sebáceas. Se você tem cabelos longos e gosta de usar condicionador, passe-o apenas nas pontas, nunca na raíz dos fios.

Sobre as causas da caspa ainda não há um consenso. O que se sabe é que em algumas fases as pessoas podem apresentar uma descamação do couro cabeludo. O resultado disso pode variar de uma poeirinha a flocos que vão do branco ao acinzentado. Essa descamação pode ter a ver com alimentação não balanceada, estresse, fatores emocionais, desequilíbrio hormonal e predisposição genética. Por isso, mesmo que nunca tenha tido esse problema antes, não estranhe se aparecer caspa no seu couro cabeludo numa semana de provas ou quando estiver chateado com alguma coisa.

Há especialistas que acreditam que a caspa tenha relação com a ação de fungos. De qualquer modo, se estiver com caspa, experimente usar um xampu especial para isso, que pode ser encontrado em qualquer seção de produtos de higiene pessoal de supermercados, farmácias ou perfumarias. Se não notar melhora em algumas semanas, procure um dermatologista, que vai avaliar melhor o seu caso e indicar um tratamento específico para você.

Perdendo (literalmente) os cabelos

Não é raro ouvir garotos reclamando que os seus cabelos estão caindo. Mas é preciso distinguir o que é a perda normal e o que pode ser um sinal de calvície. Uma perda de até cem fios por dia é normal – são fios que nascerão novamente. Há fatores que podem intensificar essa queda, como perda brusca de peso, alimentação deficiente em vitaminas e aminoácidos, doenças (até gripe pode contribuir para a perda de cabelos), fatores emocionais (como estresse, nervosismo ou depressão), desequilíbrio hormonal, excesso de oleosidade (a gordura acaba "entupindo" a raiz do cabelo) e a estação do ano (geralmente perde-se mais cabelo no inverno).

Para controlar esse tipo de perda, basta manter uma alimentação balanceada, deixar seus cabelos sempre limpos (evitando a oleosidade), lembrando-se de tirar bem o xampu e o condicionador para não deixar resíduos, não usar água ou secador muito quente e cuidar da sua saúde física e emocional (isso você deve fazer sempre, independentemente dos seus cabelos). Se mesmo assim você achar que está perdendo muito cabelo, procure um dermatologista, que vai avaliar se você está com outros problemas que interfiram na queda. Ele pode até indicar uma consulta ao endocrinologista para checar se não há alguma alteração hormonal.

Já a calvície é definida por fatores genéticos. A queda inicia-se mais agudamente entre 17 e 23 anos, então é bobagem pensar que a careca é um problema de homens com mais de 50 anos. Não tem como mudar a sua carga genética, porém alguns remédios podem retardar e atenuar a perda de fios. Quanto mais cedo for iniciado o tratamento, melhores serão os resultados. Não tenha vergonha de procurar ajuda de um dermatologista se perceber que está perdendo muito cabelo, ainda mais se na sua família os homens forem calvos.

CAPÍTULO 7

Adeus pele de pêssego!

Por que aquela pele de bumbum de bebê agora mais parece um "jardim" de cravos e espinhas? Antes de reclamar, aprenda a amenizar o problema. E não esprema nem cutuque!

Espinhas por toda a parte

Não bastasse você ficar atordoado com o monte de mudanças que chegam de uma hora para outra, ainda surgem as malditas espinhas no rosto... É para abalar a autoestima de qualquer um!

São poucos os sortudos que conseguem passar pela puberdade sem ser incomodados pelas espinhas. Em geral, as alterações hormonais dessa fase acabam estimulando demais as glândulas sebáceas, que produzem muito mais óleo do que o normal. Daí para ter uma pele salpicada de cravos (aqueles pontinhos pretos na pele) e espinhas é um pulinho! E como as coisas sempre podem piorar, as espinhas adoram aparecer nos momentos mais inconvenientes possíveis, como no dia em que acontecerá a melhor balada do ano ou na véspera de sair com a menina mais fantástica da escola...

Mas nem tudo está perdido: geralmente as espinhas vão embora quando acaba a puberdade. O que não quer dizer que no dia do seu aniversário de 18 anos elas vão ser eliminadas do seu rosto de vez! Pelo menos, elas tendem a dar uma trégua quando você sair da adolescência.

Um dos fatores que determinam a quantidade de espinhas que você terá é a predisposição genética, que não dá para mudar. Por outro lado, há pequenos hábitos cotidianos que podem amenizar o problema:

– **Alimentação**: alguns alimentos podem desencadear maior produção de oleosidade, como frituras, amendoins, doces ou refrigerantes. Faça um teste: diminua

o consumo desse tipo de comida e veja como sua pele reage.
- **Higiene:** tente manter sua pele sempre limpa, usando sabonetes especiais para adolescentes (hoje há várias opções no mercado de linhas de combate à acne). Se perceber que sua pele está ressecada e resolver usar um hidratante, prefira as loções que não sejam gordurosas. Géis também podem ser uma boa opção.
- **Cabelo:** muitas vezes o cabelo esbarrando no rosto pode contribuir para o aumento da oleosidade da pele (e também a própria oleosidade do cabelo pode provocar o aparecimento de cravos e espinhas). Se você usa cabelos compridos, tente mantê-los presos. A franja também pode piorar a situação da acne na sua testa.

Deixe suas mãos longe delas

A vontade que dá de espremer as espinhas até que elas sejam totalmente eliminadas é grande, não é? Acontece que isso só faz a situação piorar! Sabe por quê? Porque a espinha pode inflamar ainda mais, ficando inchada e dolorida. Isso sem contar que você pode espalhar bactérias para outras partes do rosto com esse ato aparentemente inofensivo.

E se você conseguir eliminar a espinha, no lugar dela pode aparecer uma marca que fica de "recordação" por muito tempo na sua pele. Algumas podem ficar eternamente, sem exageros.

O remédio é ter muita paciência e esperar que a espinha "seque" sozinha – com o tempo ela acaba indo embora, pode acreditar. Se quiser dar uma mãozinha (mas não uma cutucadinha), você pode usar produtos cicatrizantes que acabam acelerando a eliminação da espinha. Converse com um dermatologista e peça indicação dos melhores produtos para o seu tipo de pele.

Se as espinhas no rosto não fossem suficientes, elas acabam sendo tão chatas que podem aparecer em qualquer parte do seu corpo – qualquer mesmo! Então não se espante se elas brotarem nas suas costas, no peito, na cabeça, dentro da orelha e até em lugares mais inconvenientes, como no pênis e no bumbum. As espinhas no pênis podem ser doloridas e nestas, em especial, você não deve nem pensar em mexer. Só fique bem atento para não confundir a espinha com lesões de doenças sexualmente transmissíveis (DSTs), que podem ter aspecto parecido. Se você manteve uma relação sexual desprotegida (sem camisinha) e algum tempo depois começaram a aparecer espinhas no pênis, procure um dermatologista para checar exatamente o que são essas lesões. Em relação às outras áreas, vale a mesma regra: não esprema a espinha e deixe que ela vá embora sozinha.

Pergunta: Por que depois que as espinhas saram ficam manchas escuras no lugar delas?

Resposta: Dependendo da pessoa, o organismo tem mais tendência a formar cicatrizes no lugar de uma lesão. Com as espinhas acontece a mesma coisa: cada pessoa reage de um jeito, e algumas podem ficar com manchas escuras onde antes estavam as espinhas. O primeiro passo para evitar isso é não espremê-las, o que contribui para deixar marcas. Evitar tomar sol em cima do ferimento também pode ser uma boa, já que o sol pode piorar o resultado estético das cicatrizes.

Hoje já existem técnicas para eliminar essas manchas. Algumas substâncias químicas promovem uma esfoliação (descamação) da pele, removendo as cicatrizes. Outras substâncias "branqueiam" os sinais. Todos esses tratamentos devem ser feitos por um dermatologista, pois, se os remédios forem aplicados incorretamente, podem piorar a situação. Converse com um médico para saber o que é melhor para o seu caso.

Ter algumas espinhas e cravos no rosto não deixa de ser uma chatice, porém não representa um problema tão sério assim. Em alguns casos, no entanto, o adolescente tem tantas espinhas que o caso pode ser considerado de acne grave. Isso só vale para aquelas pessoas que têm espinhas muito inflamadas e em grande quantidade. Aí o ideal é procurar o auxílio de um dermatologista para tentar controlar o quadro. O médico pode indicar um tratamento para ajudar a reduzir o tamanho das glândulas sebáceas da pele, diminuindo assim a oleosidade. O tratamento é feito, por alguns meses, com uma substância derivada da vitamina A, chamada de isotretinoína.

Parece simples, mas esse remédio exige muita atenção e cuidados especiais. Se por um lado ele resolve um problema, por outro causa novas complicações: a pele começa a descamar e fica com um aspecto ressecado no início. No caso das meninas, elas não podem engravidar de jeito nenhum durante o tratamento. Se já têm vida sexual ativa, são obrigadas a usar um método anticoncepcional durante o tratamento. É preciso também ter cuidado com bebidas alcoólicas, exposição ao sol e atividade física. Em resumo, quem toma o medicamento deve fazer um acompanhamento rigoroso com o médico (é daqueles que não dá nem para imaginar em fazer sozinho). Vale ressaltar: o tratamento é só para casos mais graves. Muitos jovens que têm uma ou outra espinha já querem usar esse método. Nada disso!

CAPÍTULO 8

Faça as pazes com seu corpo

Você já não vive mais sem desodorante, seu pênis parece meio esquisito se comparado ao dos outros, o medo de brochar o assombra a todo instante... Será que essa tal de puberdade só traz problemas? É preciso ter paciência para compreender essas transformações, e ver que a maioria dos problemas só está mesmo na sua cabeça.

Muita calma nessa hora

Se quando era criança você ficava esperando os seus pais virem chamar o "porquinho" para tomar banho, na adolescência é muito provável que você mesmo sinta que é necessário entrar debaixo do chuveiro. Na puberdade, a transpiração (principalmente das axilas) adquire odor – aquele típico cheiro de suor. Isso significa que vai ser bem mais difícil esconder que fugiu do banho depois de ficar horas jogando bola com os amigos.

Para combater os cheiros desagradáveis, pode incluir um desodorante na sua lista de objetos de uso pessoal. Os produtos apresentam reações diferentes em cada tipo de pele. Por isso, talvez você tenha de experimentar vários desodorantes antes de achar um que funcione bem em seu corpo. A marca que seu pai ou que seus irmãos usam pode ser bacana para eles, mas talvez não seja a ideal para você. Uma dica é experimentar desodorantes sem perfume, já que a fragrância do produto pode reagir com o seu suor e piorar o cheiro.

Preste atenção nas suas camisetas também. Pode ser que precise trocá-las com mais frequência do que estava acostumado. Além disso, alguns tecidos sintéticos e corantes podem reagir com o suor, deixando o odor mais forte. Se notar que isso acontece com algumas camisetas suas, separe-as para os dias mais frios, quando você não sua tanto. E nada de fugir do banho!

Entenda-se com o seu corpo

Tá certo que no meio de tantas mudanças que acontecem na adolescência é difícil olhar a confusão objetivamente e perceber que às vezes (a maioria delas, na verdade) a gente faz muita tempestade em copo d'água. Uma espinha no meio do rosto não faz de ninguém a pessoa mais abominável da terra. Nem a falta de barba, nem a voz desafinada e muito menos pés compridos. É difícil colocar isso em prática, mas o melhor a fazer com todas essas perplexidades é tentar desencanar delas.

A maioria dos garotos acaba se sentindo um extraterrestre em algum momento da adolescência, simplesmente porque não se entende com o seu corpo. Acha que aquilo só acontece com ele, que alguma coisa está errada, que todos os outros garotos são melhores... Quer saber de uma coisa? Mais uma infinidade de gente fica atordoada por causa dos mesmos motivos que andam assombrando sua vida. Aqui vai uma pequena lista dos fantasmas mais comuns.

Pênis torto

As reclamações são de todos os tipos: pênis virado para a esquerda, para a direita, um pouco para cima ou um pouco para baixo. É muito comum os rapazes terem o pênis um pouco torto ou curvado. Geralmente isso não traz nenhuma interferência no desempenho sexual do homem. Se o garoto não sente dor durante a ereção nem dificuldade de penetração, não tem problema nenhum – o pequeno desvio não vai machucar a parceira, não vai atrapalhar na sua fertilidade nem no seu orgasmo.

Pergunta: É verdade que se eu sempre "guardar" o meu pênis do mesmo lado da calça ele vai ficar torto?

Resposta: Pode "guardar" o seu pênis do jeito que for mais confortável. Não tem essa história de que isso vai "condicionar" o seu pênis para um lado ou para o outro. Pequenos desvios para os lados são comuns e não dependem de como o pênis "descansa" durante o dia.

Doença de Peronye

Apesar de ser normal o pênis ficar um pouco mais virado para um lado, em alguns casos esse desvio é mais sério, causando dor e desconforto na hora da ereção. Porém, isso só acontece em pênis excessivamente curvados, que ficam praticamente deformados. Tal fato ocorre por causa de uma síndrome chamada Doença de Peronye. Por motivos desconhecidos, o paciente apresenta uma fibrose no corpo cavernoso e, assim, sua ereção fica completamente prejudicada.

É muito difícil para o portador dessa doença manter uma relação sexual com penetração. Nesse caso, apenas um urologista vai poder auxiliar o paciente. O tratamento é feito com uma cirurgia que tenta corrigir a fibrose. Para alívio da maioria dos meninos que acha que seu pênis é torto, resta dizer que essa doença é rara.

Quando ele não comparece

Assim como acontece com a ejaculação precoce, na adolescência é muito comum os garotos brocharem por motivos emocionais (nervosismo, ansiedade e falta de experiência). Como a gente já explicou no começo do livro, a adrenalina liberada pelo seu corpo é um dos motivos que mais atrapalha a ereção. O medo de não satisfazer a parceira, a insegurança sobre como agir, a falta de intimidade ou até a emoção de estar transando com alguém legal são fatores que contribuem para as coisas darem errado.

Problemas de falha de ereção por causas físicas são muito raros entre os adolescentes. Os homens que têm motivos para se preocupar com isso realmente são os diabéticos, portadores de hipertensão arterial, fumantes, pessoas que tomam medicações que atrapalham a ereção e pacientes com problemas na anatomia dos vasos sanguíneos do pênis. Acontece que esses problemas geralmente atingem homens mais velhos, e não rapazes saudáveis com menos de 20 anos!

Quer ver como é fácil descobrir se as causas da disfunção erétil são emocionais? É só se fazer três perguntinhas:

- Você tem ereção quando se masturba?
- Você acorda com ereção de manhã?
- Você tem ereção quando pensa em sexo ou vê uma revista ou um vídeo pornô?

Se uma das suas respostas for positiva significa que fisicamente você é totalmente capaz de ter uma ereção. O problema provavelmente está na cabeça, na hora de encarar a transa de verdade. O remédio é desencanar! E vale a regra de evitar o círculo vicioso: não é porque você brochou uma vez que vai brochar todas as outras. Se partir para a próxima transa já com medo de falhar, as chances de que isso realmente aconteça são muito maiores.

Fique tranquilo, curta a transa e, se não rolar, a melhor saída é encarar o fato com bom humor, sem deixar que ele adquira proporções maiores do que merece. Agora, se entrar no círculo vicioso, talvez seja bacana procurar ajuda de um terapeuta para tentar localizar a raiz de tanto nervosismo...

Ereções fora de hora

Se tem gente que reclama que não consegue ter ereção na hora que precisa, tem também a turma que se aborrece porque a ereção aparece quando não podia. Isso acontece porque parte dos mecanismos que levam à ereção é involuntária, ou seja, não depende da sua vontade. Por isso, você pode estar pensando numa coisa que não tenha nada a ver com sexo e "seu amigo" fica todo animado, causando situações constrangedoras. Na adolescência isso é comum, já que o seu corpo está se acertando sexualmente.

A grande quantidade de hormônios sexuais típica dessa fase também influencia nessas ereções. O negócio é aprender a disfarçar essas manifestações do seu companheiro. Com o tempo, o corpo amadurece e essas situações diminuem bastante, ficando bem mais fácil ter controle sobre o próprio pênis.

Outra coisa que pode influenciar as ereções são os movimentos bruscos, como levantar ou sentar muito rápido. Isso faz com que haja uma mudança no fluxo de sangue da região, desencadeando a ereção. Andar de ônibus ou de metrô também pode ajudar na ereção fora de hora (o movimento do veículo acaba servindo como estímulo).

Pergunta: Por que tantos homens acordam com ereção?

Resposta: São vários fatores. Quando o homem está dormindo ele fica mais relaxado. As válvulas do pênis acabam relaxando também, permitindo a entrada de sangue e causando a ereção. É normal o homem ter três ou quatro ereções por noite, que duram de cinco a vinte minutos cada – mesmo sem ele ter sonhos eróticos. Essas ereções, em geral, acontecem em uma fase do sono chamada REM (Rapid Eye Movement, ou "movimento rápido do olho"), que até virou nome de banda de rock, em que diversos processos e reações do corpo são "calibrados". Há ainda quem diga que a ereção pela manhã acontece também em parte pelo estímulo da bexiga que está cheia. A ereção dificultaria a eventual eliminação espontânea da urina "represada" durante a noite.

CAPÍTULO 9

As mudanças continuam

Como se não bastasse ter a pele mais oleosa, um número infinitamente maior de pelos e o pênis de um jeitão diferente, o corpo passa por mais transformações.

Ombros e peito mais largos

Uma das características que difere o corpo feminino do masculino é o desenvolvimento das mamas. Na adolescência é natural que as garotas comecem a ficar com os seios maiores. Acontece que alguns garotos também ficam com os peitos um pouco maiores do que o normal na puberdade – é a chamada ginecomastia. Isso ocorre por causa da ação dos hormônios sexuais, que estimulam o crescimento do tecido mamário que fica logo abaixo do mamilo (a parte mais escura do peito). Alguns meninos chegam até a desenvolver uma espécie de caroço no peito.

Normalmente o corpo acaba se ajustando com o tempo e esse quadro volta à forma anterior espontaneamente. Em alguns casos, porém, quando o tecido não volta ao normal sozinho, é necessária uma pequena cirurgia plástica. A operação é feita com anestesia local e, em poucos dias, o paciente está liberado para todo tipo de atividade.

Pode acontecer também de os garotos mais gordinhos ficarem com os peitos um pouco maiores. Isso porque as mamas também são um depósito de gordura. Neste caso, a única solução é perder os quilos extras.

Músculos

Assim como os seus ossos vão crescer na puberdade, os seus músculos também tendem a ganhar mais massa. Se para as meninas o quadril alarga e a cintura afina, nos garotos são os ombros e o peito que ficam mais largos.

Não se desespere se por um período você ficar parecendo uma lombriga comprida e magricela, principalmente logo após o estirão. Com o tempo, o corpo acaba ganhando proporcionalidade. Há, porém, o velho fator hereditário que não tem como mudar. Se a constituição física da sua família é mais para a alongada, é pouco provável que você seja atarracado. Pode até ser feito um trabalho de hipertrofia (ganho de massa muscular), porém há um limite imposto pela sua estrutura corporal básica, que é definida geneticamente.

Independentemente de querer ganhar músculos ou não, praticar exercícios é altamente recomendado: ajuda no seu desenvolvimento e faz bem para a saúde geral. Esportes são uma boa maneira de se exercitar e de conhecer novas pessoas. Tente praticar alguma atividade física pelo menos três vezes por semana.

Pergunta: Ouvi dizer que quem faz musculação demais acaba ficando com o pênis pequeno. É verdade?

Resposta: Nem a musculação nem qualquer outro tipo de atividade física têm como diminuir o tamanho do pênis. Os exercícios físicos acabam definindo ou aumentando a massa muscular do seu corpo. Já o pênis é feito de tecidos esponjosos, que acumulam o sangue durante a ereção. O tamanho final dele será definido só quando acabar a puberdade e depende apenas de fatores como carga genética e estímulo hormonal.

O que é uma roubada e pode interferir no tamanho do pênis é o uso de anabolizantes (hormônios artificiais) para turbinar a musculação. Aí o problema já é bem mais grave: essas substâncias podem causar queda de cabelo, aumento de oleosidade na pele, espinhas, problemas no fígado e até a diminuição dos testículos.

Voz desafinada

A mudança da voz geralmente vem de forma atrapalhada, virando motivo de chacota e de vergonha para alguns meninos. Isso significa que, por uns tempos, você pode falar de um jeito bem estranho. Uma hora você está com a sua voz de sempre. Minutos depois ela fica superaguda, para em seguida ficar mais grossa do que o habitual. Isso tudo tem que ver com a ação da testosterona e do hormônio GH, que provocam o crescimento da laringe e das cordas vocais.

Só com o crescimento desses órgãos é que se conseguirá ter uma voz mais grossa, atingindo o tom grave característico dos homens. Pode ser que neste período de mudança da voz você passe por situações engraçadas ou embaraçosas, porém o segredo é não encanar e esperar, porque as coisas acabam entrando nos eixos. Tenha um pouco de paciência (como tudo na puberdade...), mas, se serve de consolo, saiba que até os caras que hoje são locutores e cantores famosos já passaram por isso.

Como não é uma doença ou um problema físico – por sinal, é até indício de que as coisas estão ocorrendo normalmente –, você não precisa se preocupar com as eventuais desafinadas. Os únicos garotos que têm motivos para encanar com isso são os que dependem da voz profissionalmente, como os atores e os cantores. Nesses casos, o recomendado é procurar um fonoaudiólogo que poderá indicar exercícios vocais para tentar "controlar" melhor as variações e as falhas da voz. Nos outros casos, é só esperar.

CAPÍTULO 10

Urologista não é bicho-papão!

Grande parte dos meninos fica com receio da hora da consulta, mas não há motivo para se preocupar. Não existe pessoa mais indicada para ver se está tudo bem e também para ajudá-lo a se livrar de encanações sem sentido.

Vergonha de quê?

Se chegou até aqui, você percebeu que ao longo do livro a gente recomendou várias vezes uma consulta ao urologista. Acontece que muitos garotos morrem de vergonha (e de medo) de visitar este médico. Bobagem!

A rapaziada acha que o exame pode doer e fica apreensiva ao se despir na frente do médico. Para começar: o exame não dói e é o modo mais seguro de saber se anda tudo bem com a saúde dos seus órgãos sexuais. Além disso, o médico estudou e foi muito treinado para exercer a sua profissão. Ele vê homens despidos o dia inteiro (faz parte do trabalho dele, né?), ou seja, está para lá de acostumado com isso. Você não vai ser nem a primeira nem a última pessoa a tirar a roupa para ser examinado.

Além disso, existe um código de conduta para os profissionais da saúde. Essas regras orientam o médico a não ficar emitindo julgamentos sobre os seus pacientes, por isso ele não vai fazer comentários sobre o seu pênis, sobre se você é alto ou baixo, magro ou gordo. Ele vai simplesmente avaliar a sua saúde e pode ainda tornar-se um grande aliado, pois tem dicas valiosas para você entender melhor o seu corpo e tirar as suas dúvidas.

Procurar um médico não interfere em nada na masculinidade do garoto. Se estiver com um problema no pênis e o médico tiver de examiná-lo, não há o menor problema. Tenha certeza de que seu pênis não vai ser o primeiro nem o último a ser examinado pelo urologista; ele está cansado de fazer isso. Alguns meninos têm medo também de acontecer uma ereção nessa parte da consulta. Isso, em geral, não acontece. E, se acontecer, não é motivo para esquentar a cabeça. Tal fato não faz de você menos homem – nem o médico vai achar que você é um maníaco sexual. Lembra que a gente falou que algumas ereções são involuntárias? Pois é, o urologista é a pessoa que mais sabe que isso pode acontecer...

Em resumo: se estiver com um problema, o melhor a fazer é marcar uma consulta com o médico. Tomar remédios sem orientação é uma grande roubada – você pode agravar a doença, além de estar sujeito a efeitos colaterais indesejados e desagradáveis. Se quebrasse um braço, você não iria correndo procurar um ortopedista num pronto-socorro? Com os seus órgãos sexuais é a mesma coisa: eles precisam de cuidados de um especialista quando a coisa não vai bem.

CAPÍTULO 11

Toques finais

A DESCOBERTA DA SEXUALIDADE

Depois de saber mais sobre as principais etapas dessa fase de transformações no corpo, é hora de viver numa boa com ele. Afinal, a descoberta da sexualidade é uma viagem que se faz aos poucos.

Encare as mudanças com calma

Nas últimas páginas você entendeu melhor o que se passa com seu corpo quando entra na puberdade. São tantas as mudanças e, às vezes, tão rápidas, que muita gente fica perdida no meio do caminho.

Nada melhor do que ler as dúvidas de outros garotos para perceber que não se está sozinho nessa, e que as dúvidas são quase "naturais" nessa fase da vida. Tem gente que dá menos bola para elas, mas há quem perca noites de sono encanado com as transformações que está enfrentando.

Como toda fase de transformação, ela tem começo, meio e fim. Assim, pode ter certeza que as espinhas, a pele mais gordurosa, o corpo que parece desproporcional, tudo isso passa a funcionar de forma mais equilibrada. É só uma questão de tempo.

E é de tempo também que a nossa cabeça precisa para entender melhor alguns conflitos e encanações. A sexualidade, que em um primeiro momento parece um bicho de sete cabeças (que ao mesmo tempo traz curiosidade e insegurança), acaba sendo descoberta gradualmente. O corpo que muda e o que você pode fazer com ele são uma espécie de aprendizado.

Não dá para imaginar que, da noite para o dia, você vai ser um expert em sexualidade (embora muitos garotos insistam em dizer que sabem tudo desde o dia em que nasceram). É com a prática, com as experiências, com as descobertas, com os namoros que a gente vai construindo a tão sonhada experiência. E os fantasmas do início da vida sexual, como a ejaculação precoce, o medo de não saber o que fazer, as falhas de ereção, a dificuldade de colocar a camisinha, todos eles vão ficando mais fáceis de ser domados.

É bom o garoto aprender desde cedo que o médico pode e deve ser consultado em caso de dúvidas. A mulher sabe que precisa ir ao ginecologista pelo menos uma vez por ano. O homem é muito mais resistente em buscar ajuda quando precisa. Isso tem que mudar.

Espero que este livro possa ajudar garotos (e por tabela garotas) a passar por essa fase da vida de uma forma mais tranquila e com menos encanações. Valeu mesmo!

Sobre o autor

Jairo Bouer é médico formado pela Faculdade de Medicina da Universidade de São Paulo, com residência em psiquiatria pelo Instituto de Psiquiatria da USP. A partir do seu trabalho no Projeto de Sexualidade do Hospital das Clínicas da USP (Prosex), passou a focar seu trabalho no estudo da sexualidade humana. Hoje ele é referência no Brasil, para o grande público, quando o assunto é saúde e comportamento jovem, atendendo às dúvidas nos diferentes meios de comunicação. Profere também palestras em todo o país, em universidades, empresas e grandes eventos oficiais abertos ao público.

Além da prática de consultório, Jairo Bouer mantém programas na TV (quadros no Fantástico da Rede Globo e no Canal Futura, da Fundação Roberto Marinho) e em emissoras de rádios brasileiras.Escreve no jornal *Folha de S. Paulo* há 12 anos, além de prestar colaborações mensais em revistas e sites.

Por sua atuação nesta área, foi consultor do Governo do Estado de São Paulo para o projeto "Prevenção Também se Ensina", que incluiu mais de 4.500 escolas públicas. Em 2001 lançou, em parceria com o jornalista Marcelo Duarte, *O Guia dos Curiosos – Sexo* pela Companhia das Letras e, em junho de 2002, lançou nova publicação para esclarecimento de dúvidas sobre sexualidade do público adolescente, *Sexo e Cia.*, pela Publifolha.

Em 2002, ganhou o prêmio Destaque Saúde, outorgado pela Organização Panamericana de Saúde, em seu 100º aniversário.